SAINT-CLOUD

HISTOIRE
ET DESCRIPTION

CHEZ LES MÊMES ÉDITEURS

VOYAGE AUTOUR DE LA CHAMBRE DES DÉPUTÉS [illegible]

[illegible]

SAINT-CLOUD

HISTOIRE ET DESCRIPTION

Vue nouvelle du Parc et du Palais;

Histoire de Saint-Cloud depuis Clovis jusqu'à Louis-Philippe Ier;

Description du bourg de Saint-Cloud, du Palais, du Parc et des Jardins;

Explication des Peintures, Sculptures et principaux Objets d'art;

Destination successive des Appartements sous l'Empire, sous la Restauration, et sous le Roi Louis-Philippe;

Communications et Itinéraire.

PRIX : 60 CENTIMES.

SE TROUVE

A PARIS, CHEZ A. RENÉ ET Cie, RUE DE SEINE, 32;

A PARIS ET A SAINT-CLOUD,

aux Bureaux des Voitures et du Chemin de Fer.

1846

CHEZ LES MÊMES ÉDITEURS.

VOYAGE AUTOUR DE LA CHAMBRE DES DÉPUTÉS, par un Slave, avec un plan figuratif de la Chambre et les portraits des principaux orateurs. 1 vol. in-8.   6 fr.

CHRISTOPHE SAUVAL, ou *la Société en France sous la Restauration*, roman historique par M. Émile de BONNECHOSE. 2 vol. in-8.   10 fr.

Ce livre explique par les intérêts et les mœurs la révolution de 1830 et la longue crise politique et sociale qui l'a précédée. L'auteur, présent à Saint-Cloud durant les trois journées, rapporte dans son ouvrage plusieurs faits de cette époque très-peu connus et dont il a été le témoin oculaire dans la royale résidence.

TANGER ET MOGADOR, poëme dédié à la marine française, par Napoléon CARPENTIER; avec un très-beau portrait du prince de Joinville. In-18 jésus de luxe.   1 fr.

GALERIE DES CONTEMPORAINS ILLUSTRES, par UN HOMME DE RIEN, avec une lettre-préface de M. de Chateaubriand. 120 livraisons grand in-18, contenant presque toujours une notice complète et un portrait gravé sur acier. Prix de la livraison, 35 centimes.

HISTOIRE DE FRANCE depuis Clovis jusqu'à Louis-Philippe Ier, par M. Émile de BONNECHOSE, 2 vol. in-12.   5 fr.

Cet ouvrage, qui a eu en peu d'années sept éditions, est aujourd'hui traduit en plusieurs langues. Il a été adopté comme livre classique par l'Université, mais il est écrit pour les gens du monde comme pour la jeunesse.

Paris. — Imprimerie d'A. RENÉ et Cie, rue de Seine, 32.

TABLE DES MATIÈRES.

Vue nouvelle du palais et du parc de Saint-Cloud. Page 5
Notice historique sur Saint-Cloud. *Ib.*
Description du bourg de Saint-Cloud. 33

PALAIS.
Cours du palais. 35

PEINTURES, SCULPTURES, TAPISSERIES, OBJETS D'ART.

PREMIER ÉTAGE.

Grands appartements. 37
Appartements du roi. 51
Appartements de la reine. 54
Appartements de LL. AA. RR. Mgr le duc et Mme la duchesse d'Orléans. 57

REZ-DE-CHAUSSÉE.

Appartements de S. A. R. Mme la princesse Adélaïde d'Orléans. 60

DEUXIÈME ÉTAGE.

Appartements de LL. AA. RR. Mgr le duc et Mme la duchesse de Nemours. 61

PARCS ET JARDINS.

Grand parc ou parc public. 63
Parc réservé. 65
Jardins. 66
Communications. 68

Palais et Parc de Saint-Cloud.

Vue prise de la rive droite de la Seine entre les ponts de Saint-Cloud et de Sèvres.

NOTICE

HISTORIQUE

SUR SAINT-CLOUD.

En visitant des sites riants, embellis par les arts, animés par les fêtes, but de promenades et de plaisirs, on se persuade avec peine que le même sol a longtemps retenti de cris de guerre et du choc des armes, qu'il a été le théâtre de tragiques événements et de grandes catastrophes :

cependant le contraste plaît à l'imagination des hommes; celui des agitations du passé avec la paix du présent ajoute à l'attrait des lieux parcourus; on aime à y évoquer de grands souvenirs, et aucun lieu peut-être n'en rappelle davantage que le bourg et la résidence royale de Saint-Cloud. Ses annales remontent aux temps les plus reculés de la monarchie, au règne des premiers *Mérovingiens ;* un grand crime commis vers l'an 532, et auquel échappa son fondateur Clodoald, petit-fils de Clovis, est la cause première de sa célébrité. Un auteur justement célèbre raconte ainsi ce sombre drame d'après l'historien Grégoire de Tours : « Après la mort du roi Clodomir, qui avait péri dans une guerre contre les Burgondes, son héritage était demeuré vacant et paraissait réservé à ses trois fils Théodewald, Gonther et Clodoald. La reine Clotilde, leur aïeule, les faisait élever auprès d'elle, et attendait que l'un d'entre eux parvînt à l'âge d'homme pour le présenter aux Franks du royaume de Clodomir, et le faire élever sur un bouclier, selon la coutume nationale. Un jour qu'elle était venue à Paris pour y séjourner quelque temps, Childebert, voyant ses neveux en sa puissance, envoya secrètement un message à Clothaire, qui résidait à Soissons et qui vint aussitôt trouver son frère à Paris, dans l'ancien palais romain qu'il habitait, sur la rive méridionale de la Seine. Après avoir conféré ensemble et pris leur parti, les rois députèrent vers Clotilde un messager chargé de dire en leur nom ces paroles : « Envoie-nous ces enfants pour que nous les élevions à la royauté. » La reine, ne redoutant aucun artifice, fut toute joyeuse, et, après avoir donné aux trois enfants à boire et à manger, elle les fit partir en leur disant : « Je croirai n'avoir pas perdu mon fils si je vous vois régner à sa place. » Théodewald, Gonther et Clodoald, le premier âgé de dix ans et les deux autres plus jeunes que lui, arrivèrent au palais de leur oncle, accompagnés de leurs gouverneurs, qu'on appelait alors nourriciers, et de quelques esclaves. Ils furent aussitôt saisis et enlevés aux gens de leur suite, qu'on enferma séparément. Alors le roi Childebert, appelant son confident Arcadius, lui dit d'aller trouver la reine, afin d'apprendre d'elle ce qu'on devait faire des enfants, et, pour joindre à cette demande l'éloquence des signes que les barbares aiment à employer, il lui ordonna de prendre avec lui une paire de ciseaux et une épée. Arcadius obéit, et, dès qu'il fut en présence de la veuve de Clovis, il lui présenta les ciseaux et l'épée nue, en disant : « Très-glorieuse reine, nos seigneurs tes fils te font demander conseil sur ce qu'on doit faire de ces enfants : veux-tu qu'ils vivent la chevelure coupée, ou veux-tu qu'ils soient égorgés? » Clotilde, hors d'elle-même, répondit : « Si l'on ne veut pas qu'ils règnent, j'aime mieux les voir morts que tondus. » Ayant reçu cette réponse, les deux rois entrèrent dans le lieu où les enfants étaient gardés, et aussitôt Clothaire frappa l'aîné de son couteau. Aux cris de douleur qu'il jetait, son frère Gonther courut à Childebert, et s'attachant à lui de toutes ses forces : « Mon père, dit-il, mon bon père, viens à mon secours : fais que je ne sois pas tué comme mon frère. » Le roi Childebert fut ému; les larmes lui vinrent aux yeux, il dit à son complice : « Mon cher frère, je t'en prie, accorde-moi la vie de cet enfant : je te donnerai tout ce que tu voudras, je te demande seulement de ne le pas tuer. » Mais Clothaire, saisi d'une espèce de rage à la vue du sang, accabla son frère d'injures : « Repousse-le loin de toi, cria-t-il, ou tu vas mourir à sa place : c'est toi qui m'as conseillé le meurtre, et voilà, que tu manques de parole. » Childebert eut peur, il repoussa l'enfant, qui fut à son tour frappé par Clothaire. Au moment où se terminait cette horrible scène, des seigneurs franks, suivis d'une troupe de braves, forcèrent les portes, enlevèrent le plus jeune des enfants,

Clodoald, et le mirent en sûreté hors du palais (1). Clodoald, selon une ancienne tradition, se fit religieux et se retira sur la rive gauche de la Seine, dans une petite ville nommée *Novigentum* ou *Nogent*, composée seulement de quelques maisons disséminées sur un coteau d'un difficile abord : entre ce lieu et Paris s'étendait l'épaisse forêt du *Rouvre*. Clodoald y fit bâtir un monastère où il rassembla une communauté de moines (2).

Il renonça à la couronne en rasant volontairement sa chevelure, reçut l'habit ecclésiastique de saint Severin, et fut ordonné prêtre en 551 par Eusèbe, évêque de Paris. Clodoald fit don à l'Eglise de Paris de la ville de *Nogent*, avec ses dépendances, qui faisaient partie de son héritage, et, par suite de cette donation, les évêques de Paris se firent appeler seigneurs de ce lieu. Clodoald y mourut après avoir acquis une grande réputation de sainteté par des pratiques austères : son corps fut enterré dans l'ancienne église, qu'il avait bâtie, et où on lisait l'épitaphe suivante :

Arcubus hunc tumulum Chlodoaldus consecrat almis,
Editus ex Regum stemmate perspicuo;

---

(1) Augustin Thierry, *Lettres sur l'histoire de France.*
(2) *Act. Benedict.*

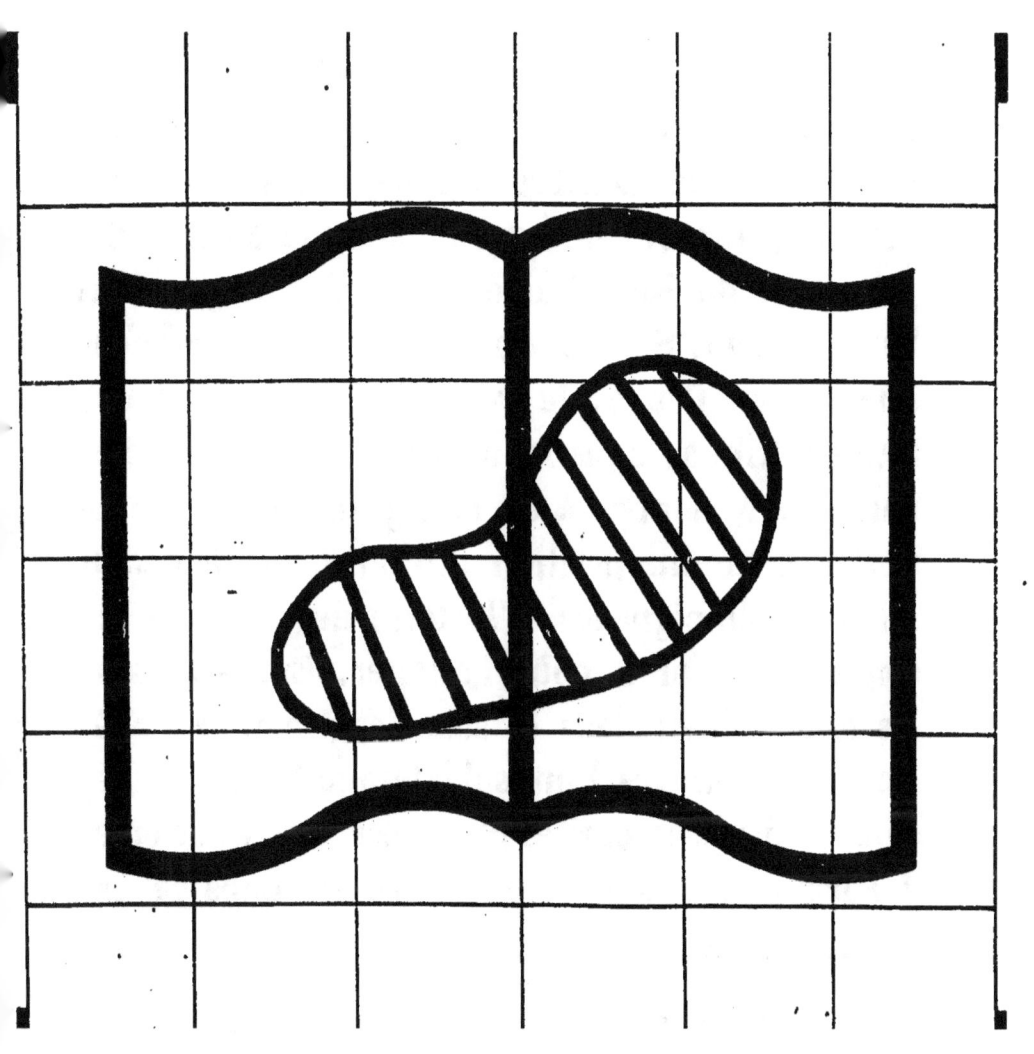

Qui vetitus Regni sceptrum retinere caduci,
Basilicam studuit hanc fabricare Deo
Ecclesiæque dedit matricis jure tenendam,
Urbis pontificis quæ foret Parisis (1).

Des miracles, dit-on, s'opérèrent sur son tombeau, et ce bruit, en y attirant beaucoup de pèlerins, accrut le nombre des habitants du lieu : dès lors l'humble bourgade changea de nom, elle prit celui de Saint-Clodoald, dont l'usage a fait Saint-Cloud. Sa situation sur une hauteur défendue par un fleuve, le voisinage de la capitale, tout contribua, dans les différents âges de la monarchie, à donner à ce bourg beaucoup d'importance comme position militaire, et, à défaut d'autres témoignages, l'histoire des reliques de son saint suffirait pour l'attester. Exposées sous les rois Carlovingiens et sous les premiers Capétiens aux outrages d'une soldatesque barbare, elles furent à diverses reprises religieusement transférées à Paris et mises en lieu de sûreté dans la ca-

---

(1) Le latin de cette épitaphe est incorrect et fort obscur : en voici à peu près le sens :

« Sous ces voûtes protectrices, les restes de Clodoald, issu d'une tige brillante de rois, honorent ce tombeau. N'ayant pu retenir dans ses mains le sceptre d'un royaume périssable, il a élevé à Dieu cette basilique, et l'a donnée à l'Eglise du pontife de Paris, afin d'être possédée par elle comme par une mère. »

thédrale : au retour du calme, grande était la joie des fidèles de Saint-Cloud; ils allaient en grande pompe et revêtus de leurs habits de fête, recouvrer la possession de leur trésor. Les chroniqueurs nous ont transmis les détails d'une de ces fêtes : « En 809, disent-ils, une procession nombreuse sortit de Saint-Cloud : les religieux du monastère, accompagnés des habitants du bourg, hommes, femmes et enfants, se dirigèrent vers Paris, chantant des cantiques pieux et célébrant les louanges de celui dont ils allaient reprendre les saintes reliques (1). » Bientôt après, dans le dixième siècle, le monastère de Saint-Cloud fut changé en une collégiale de neuf chanoines (2). A dater de cette époque et jusqu'à la fin du moyen âge, l'histoire de Saint-Cloud est inconnue. Au quinzième siècle, les restes du pieux fondateur n'avaient encore rien perdu de leur vertu dans l'estime des fidèles, et le chapitre de l'église paroissiale leur fit faire une châsse d'argent doré enrichie de pierreries et de figures d'argent massif en relief : ce moyen n'était pas le meilleur dont on pût s'aviser pour protéger les restes du saint personnage, et, au milieu de guerres affreuses entre les

---

(1) *Annales de Paris.*
(2) Daniel, *Histoire de France.*

Armagnacs et les Bourguignons, la précieuse châsse fut derechef mise en dépôt à Paris.

Saint-Cloud présentait alors l'aspect d'une place de guerre : le pont était construit moitié en bois, moitié en pierre; les abords en étaient défendus par des fossés profonds, avec ponts-levis, et sur le pont même s'élevait une forteresse. Dans les guerres civiles de cette époque, dit l'auteur du *Journal de Paris*, un capitaine bourguignon, Collin de Pisieux, commandait la forteresse; il la livra le 13 octobre 1411 aux Armagnacs, et toute sa troupe fut égorgée. Le duc de Bourgogne tira vengeance de cette trahison : dans une sombre nuit de novembre, il sort de Paris avec quinze cents hommes résolus; il se présente avant le jour devant le pont de Saint-Cloud, et commence aussitôt l'attaque; la forteresse est emportée, le bourg est pris : Collin de Pisieux, déguisé en ecclésiastique, cherche un refuge dans le clocher de l'église, il est pris, décapité aux halles de Paris dans ses habits de prêtre, et ses membres exposés dans les différents quartiers servent d'avertissement aux parjures et aux traîtres (1).

Durant les guerres de religion, Saint-Cloud, vivement disputé par les catholiques et les pro-

---

(1) Selon *le Laboureur*, Collin se laissa prendre dans son lit.

testants, fut plusieurs fois pris et repris par les deux partis. Là, Condé, Coligny, Montmorency et les Guise rivalisèrent d'exploits au milieu de scènes de dévastations et de carnage : chaque guerre civile ajoutait à l'importance de ce bourg, et sous Henri III il fut clos de murs et de fossés.

Le jour était proche où devait s'accomplir le plus tragique événement dont ce lieu ait été le théâtre. Henri III, fuyant de Paris après la journée des *Barricades*, avait traversé Saint-Cloud, suivi seulement de quelques officiers, et de là se retournant, la rage dans le cœur, du côté de la capitale, il avait proféré contre cette ville de foudroyantes menaces. Délivré par le meurtre, aux seconds états de Blois, de Henri de Guise et du cardinal son frère, ses plus redoutables ennemis, il s'était réuni à Henri de Bourbon, roi de Navarre, et revenait sur Paris, que défendait contre lui le duc de Mayenne et la Ligue, dont l'enthousiasme barbare était échauffé par des prédicateurs fanatiques. Parvenu sur les hauteurs qui dominent Paris au couchant, il établit son camp à Saint-Cloud; le roi de Navarre prit ses quartiers à Meudon. Henri III se voyait à la tête de quarante-deux mille hommes, tandis que Mayenne comptait à peine huit mille soldats; encore quelques jours, et les Parisiens vaincus lui demanderaient merci.

Le roi logeait dans la maison de Gondi, d'où ses regards découvraient sa capitale rebelle, et l'on dit qu'à cette vue, le cœur gonflé par le souvenir de tant d'outrages reçus et par l'attente d'un triomphe assuré, il prononça ces paroles : « Paris, tête du royaume, mais tête trop grosse et trop capricieuse, tu as besoin d'une saignée pour te guérir, ainsi que toute la France, de la frénésie que tu lui communiques. » Mais la Providence ne permit pas que cette menace s'accomplît, et le roi qui s'était vengé par l'assassinat devait périr assassiné.

Le 31 juillet 1589, vers le soir, un moine nommé Jacques Clément se présente aux avant-postes avec des lettres dont il était porteur pour le roi : il est conduit aussitôt à Jacques la Guesle, procureur général ; celui-ci reconnut l'écriture du premier président Achille de Harlai, et, sachant que les royalistes de Paris se disposaient à seconder les assiégeants au moment de l'assaut, il dit à Clément qu'il était trop tard pour voir le roi, qui venait de rentrer après avoir visité ses lignes; mais que le lendemain de bon matin il l'introduirait lui-même : il le retint cependant à son logis; Clément y soupa de bon appétit, coupant son pain avec un long couteau neuf à manche noir, le même qu'il avait préparé pour le meurtre; il dormit d'un profond sommeil, et le lendemain 1er août, la Guesle le conduisit au roi. « Il était environ huit heures du matin, dit l'Etoile, quand le roi fut averti qu'un moine de Paris voulait lui parler. Ses gardes faisant difficulté de le laisser entrer, le roi s'en courrouça, et dit qu'on fît entrer le moine..... Incontinent le jacobin entra ayant son couteau contenu dans sa manche, et ayant fait une profonde révérence au roi, il lui présenta des lettres de la part du duc de Brissac, et ajouta qu'outre le contenu des lettres il était chargé de dire en secret à Sa Majesté quelque chose d'importance. Lors le roi commanda à ceux qui étaient près de lui de se retirer, et commença à lire la lettre que le moine lui avait apportée, pour l'entendre après en secret. Le moine, voyant le roi attentif à lire, tira de sa manche son couteau, et l'en frappa au ventre. Le roi, ayant retiré l'arme, en donna un coup de la pointe sur le sourcil gauche du moine, et s'écria : « Ha! le méchant moine, il m'a tué, qu'on le tue. » Auquel cri étant vivement accourus les gardes et autres, ceux qui se trouvèrent le plus près massacrèrent cet assassin de jacobin aux pieds du roi (1). »

---

(1) L'Etoile.

Bientôt les médecins déclarèrent la blessure mortelle : Henri III reçut l'absolution, fit ouvrir toutes les portes et introduire la noblesse. Il exhorta ses officiers à reconnaître pour son successeur le roi de Navarre, légitime héritier du trône, sans s'arrêter à la différence de religion ; puis il expira dans sa trente-huitième année, après quinze ans de règne. Henri de Bourbon revenait en toute hâte pour recevoir les adieux du roi mourant, mais il était déjà trop tard. Comme il entrait dans Saint-Cloud avec vingt-cinq gentilshommes, parmi lesquels étaient Rosny, d'Aubigné et la Force, ils entendirent dans la rue ce cri : « Nous sommes perdus, le roi est mort. » Ils avancent et rencontrent la garde écossaise, qui tombe aux genoux de Henri de Navarre, en disant : « Ah ! Sire, vous êtes à présent notre maître. » Ainsi s'éteignit à Saint-Cloud la dynastie des Valois, et commença celle des Bourbons.

Après les guerres civiles, qui avaient si longtemps désolé le royaume, la destinée de Saint-Cloud changea : au bruit des armes succédèrent les plaisirs ; les fortifications, les fossés disparurent et firent place à de belles maisons de campagne : la maison de Gondi, où était mort Henri III, avait été fort embellie, sous les règnes suivants; elle appartenait, en 1650, à un contrôleur général des finances, et lui avait coûté plus d'un million de livres. Le cardinal Mazarin songeait alors à donner une maison au jeune duc d'Orléans, frère de Louis XIV; il jeta les yeux à Saint-Cloud sur celle du riche financier, et l'on trouve, à ce sujet, l'historiette suivante dans un recueil d'anecdotes : « Le cardinal maître du royaume fit une visite au financier, qui, en se félicitant tout haut de l'honneur qu'il recevait, ne put se défendre tout bas d'une certaine crainte touchant l'effet qu'allait produire dans l'esprit du ministre le luxe de sa demeure, et la découverte de tant de richesses acquises en foulant le peuple au préjudice de la couronne. Le cardinal, qui était rusé, pénétra le sentiment secret qui agitait son hôte, et se fit un malin plaisir d'ajouter à son inquiétude en examinant dans le plus grand détail la maison, les dépendances, les jardins, tout enfin : à chaque pas, il admirait et se récriait sur la dépense. « Voilà qui est magnifique, dit-il au maître du logis, et vous y avez mis pour le moins douze cent mille livres? » Le financier s'en défendit. « Votre Éminence s'abuse, dit-il, je ne suis pas si riche, tant s'en faut, où donc aurais-je pris pareille somme? et quelle apparence que je l'eusse employée à mes plaisirs ! — Combien donc, dit le cardinal d'un ton grave, avez-vous déboursé pour tant de belles choses ? Je parie qu'il vous en coûte au moins deux cent mille écus. — Non, monseigneur, je vous le jure; qui suis-je, moi, pour faire une si grosse dépense ? — Eh bien ! reprit Mazarin, je veux croire que cela ne vous coûte que cent mille écus. » Le financier convint de ce prix. Mazarin lui apprit alors, du même ton, que le roi désirait avoir sa maison pour Monsieur, et qu'il lui enverrait les trois cent mille livres. Il laissa notre financier stupéfait, et le lendemain un notaire vint apporter à celui-ci les cent mille écus, en lui présentant un contrat de vente en bonne forme, que le contrôleur général fut obligé de signer. Ainsi, ajoute l'historien, par la finesse du cardinal, le roi eut pour cent mille écus ce qui avait coûté plus d'un million au possesseur, et le financier restitua de la sorte, et bien malgré lui, à Sa Majesté une partie de ce qu'il lui avait volé (1). »

Louis XIV fit présent de cette maison au duc d'Orléans, son frère, qui la fit rebâtir presque en entier sur un plan nouveau. La construction du nouvel édifice fut confiée à Lepautre

---

(1) *Dictionnaire d'Anecdotes.*

et au célèbre Jules Hardouin Mansard, architecte du roi : le Nôtre dessina le parc et les jardins. Sous la direction de ces grands artistes, le palais de Saint-Cloud s'est élevé tel en partie que nous le voyons aujourd'hui, et le coteau aride sur lequel il est bâti s'est transformé en parcs et en jardins magnifiques. Cette résidence était dans toute sa splendeur lorsque l'ambassadeur du roi de Maroc vint en admirer les beautés. « Comme il regardait le pont formé de quatorze arches en pierre, on lui fit le conte que l'on faisait aux étrangers, savoir que l'architecte, ne pouvant le finir, promit au diable, qui vint s'engager à le finir pour lui, la première chose qui passerait dessus; la convention faite, et le pont achevé, l'architecte fit passer un chat que le diable emporta en enrageant d'avoir si peu de chose pour tant d'ouvrage qu'il avait fait. L'ambassadeur répondit plaisamment au conteur : *On ne doit pas espérer de gagner quelque chose avec les Français; non plus que de surprendre ceux qui savent tromper le diable* (1). »

Saint-Cloud fut de nouveau assombri, en 1670, par une mort tragique dont un génie immortel nous a transmis le souvenir impé-

---

(1) *Mercure galant,* 1682. Piganiol.

rissable. Henriette, duchesse d'Orléans, fille de l'infortuné Charles Ier, et première femme de MONSIEUR, habitait Saint-Cloud ; elle était depuis peu revenue d'Angleterre, où elle avait visité le roi son frère, lorsque tout à coup cette parole lugubre, *Madame se meurt*, rapidement répandue dans le château, retentit comme un coup de foudre à Versailles au milieu des amusements de la cour. La reine montait en carrosse pour la promenade, quand mademoiselle de Montpensier, avertie la première, lui apprit cette sinistre nouvelle : la princesse, dans le salon de Saint-Cloud où elle était en bonne santé, avait bu de l'eau de chicorée, et, aussitôt après l'avoir bue, elle s'était mise à crier qu'elle sentait un feu dans son estomac, elle criait sans cesse, on était venu en prévenir le roi, et on cherchait les médecins. Mademoiselle de Montpensier raconte ainsi cet événement dans ses Mémoires. « Un gentilhomme, dit cette princesse, envoyé par la reine, vint lui apprendre que MADAME l'avait chargé de dire à Sa Majesté qu'elle se mourait, que si elle la voulait trouver encore en vie, elle la suppliait très-humblement d'y aller bientôt, parce que, si elle tardait, elle la trouverait morte. » Le roi, la reine, MADEMOISELLE et leur suite se rendirent en hâte à Saint-Cloud. « Lorsque nous arrivâmes, dit MADEMOISELLE, nous vîmes MADAME sur un petit lit qu'on lui avait fait à la ruelle, tout échevelée; elle n'avait pas eu assez de relâche pour se faire coiffer de nuit, sa chemise dénouée au cou et aux bras, le visage pâle, le nez retiré, elle avait la figure d'une morte : elle nous dit : « Vous voyez l'état où je suis (1). » Bientôt vinrent mesdames de Montespan et de la Vallière, puis le grand Bossuet, qui exhorta la malade et reçut sa confession. Tout ce qu'il y a de plus éclatant sur la terre, la beauté, le génie, la majesté royale, apparut à la fois dans ce jour mémorable à Saint-Cloud, mêlé, confondu avec l'appareil de la mort, et la trace de tous ces grands souvenirs a disparu, on ne sait plus même la place où le grand roi vint s'asseoir et pleurer au chevet d'Henriette d'Angleterre.

L'époux de cette princesse, Philippe de France, duc d'Orléans, frère unique de Louis XIV, mourut comme elle à Saint-Cloud, de mort presque subite, le 9 juin 1702. Ce prince avait épousé en secondes noces Charlotte-Elisabeth de Ba-

---

(1) *Mémoires de mademoiselle de Montpensier*, année 1670.

vière, dont il eut Philippe d'Orléans, qui fut régent de France, et qui naquit à Saint-Cloud le 2 août 1674.

Cette même année la seigneurie de Saint-Cloud fut érigée en duché-pairie, en faveur de François de Harlay, cinquième archevêque de Paris, et de ses successeurs; et ce décret fut rendu sans doute en mémoire de la donation faite par Clodoald à l'Église de Paris.

Saint-Cloud demeura plus d'un siècle en la possession des ducs d'Orléans : il reçut par leurs soins, à diverses époques, de nombreux embellissements, et fut souvent le théâtre de fêtes magnifiques. La plus remarquable fut donnée en 1752 par Louis-Philippe d'Orléans, grand-père du roi aujourd'hui régnant, à l'occasion de la convalescence du dauphin. Le peuple y fut invité avec la noblesse : le parc et les bosquets furent transformés en innombrables salles de danse, éclairées par de brillantes illuminations. Il y eut toute la nuit bal masqué, festins, feux d'artifice, spectacles : on ne rencontrait que faunes, sylvains, naïades et bergères, et les spectateurs furent mis en extase par des divertissements allégoriques et mythologiques dont le sujet principal était la Grèce délivrée du serpent Python par le dieu du jour : ce qui, dit le naïf chroniqueur, offrait un à-propos admirable avec la circonstance du rétablissement de monseigneur le dauphin. Les Parisiens furent amenés à la fête et reconduits chez eux, aux frais du prince, sur une multitude de bateaux dont le fleuve était couvert, et la description de cette fête telle qu'elle nous a été conservée est un des plus curieux chapitres sur le goût et sur les mœurs de cette époque frivole.

En l'année 1785, la reine Marie-Antoinette fit l'acquisition du château de Saint-Cloud. Cette princesse le fit considérablement agrandir : elle aimait à y déposer le faste royal, et ce séjour devint pour elle un lieu de prédilection. Louis XVI s'y rendait aussi très-fréquemment. On sait qu'en 1790, aux approches de la fête de Pâques, le roi montait en voiture pour se rendre à Saint-Cloud, lorsque dans la cour des Tuileries un rassemblement d'hommes du peuple s'opposa au départ, détela les chevaux, et obligea le malheureux prince à rentrer dans ses appartements.

Durant la révolution, le château et le parc de Saint-Cloud furent déclarés *propriété nationale* et entretenus aux dépens de la république, pour servir aux jouissances du peuple et former des établissements utiles à l'agriculture et aux arts. Cet état de choses subsista jusqu'au 18 brumaire an VIII (1799). Saint-Cloud fut alors le théâtre d'un événement qui changea la forme du gouvernement en France, et dont les résultats ébranlèrent l'Europe. Le directoire succombait accablé par la misère publique, par les revers de nos armées, vaincu enfin par ses propres violences : la France, après tant de secousses, sentait le besoin d'un pouvoir central assez puissant pour dominer tous les partis et repousser l'Europe. Bonaparte en Egypte, au retour de l'expédition de Syrie, résolut, en apprenant l'état des affaires et des esprits, de renverser le gouvernement directorial : il revint en France, fut accueilli avec enthousiasme à Paris, où, affectant une grande simplicité, il abusa les chefs de chaque parti sur ses projets. Les généraux, à l'exception de Bernadotte, furent gagnés ainsi que la garnison de Paris, et le 18 brumaire, sur la demande de Régnier (de la Meurthe) l'un des conjurés, le conseil des anciens décida qu'en vertu des droits qu'il tenait de la constitution il transférait le corps législatif à Saint-Cloud, afin, disait-il, que ses délibérations fussent plus libres. Bonaparte est chargé de l'exécution de cette mesure, et obtient le commandement militaire de la division de Paris : il attaque aussitôt le directoire dans ses proclamations et dans ses paroles. « Qu'avez-vous fait, demandait-il, de cette France que je vous ai laissée si brillante? Je vous ai laissé la paix, j'ai retrouvé la guerre; je vous ai laissé des victoires, j'ai retrouvé des revers. Qu'avez-vous fait de cent mille Français que je connaissais tous, mes compagnons de gloire? Ils sont morts..... » Les directeurs, Siéyes, Roger Ducos et Barras se démettent de leur autorité : leurs collègues Moulins et Gohier sont retenus prisonniers. La lutte allait s'engager entre Bonaparte et le conseil des cinq-cents. Le 19 brumaire, le corps législatif se rend à Saint-Cloud où une imposante force armée l'accompagne. Bonaparte se présente d'abord au conseil des anciens qui siégeait dans la galerie d'Apollon : là, sommé de prêter serment à la constitution, il déclare qu'elle est vicieuse, que le directoire est inhabile, et il en appelle à ses compagnons d'armes : il se rend ensuite au conseil des cinq-cents, réuni dans l'orangerie, et où déjà l'agitation était au comble : sa présence y excite une tempête furieuse, et de tous côtés l'on entend les cris menaçants de *hors la loi! à bas le dictateur!* Bonaparte, plus accoutumé à braver le feu de l'ennemi que les menaces d'une assemblée délibérante, pâlit, se trouble et est enlevé par les grenadiers qui lui servaient d'escorte. Le tumulte continue dans la salle ; Lucien, frère de Bonaparte, présidait l'assemblée, qui demande de toutes parts la mise hors la loi du tyran et somme Lucien de la mettre aux voix. Lucien essaye de défendre son frère ; mais, voyant ses efforts inutiles, il quitte le fauteuil et se dépouille des insignes de sa magistrature : Bonaparte le fait enlever de la salle, tous deux montent à cheval et haranguent les soldats, l'un comme le vainqueur de l'Italie et de l'Égypte, l'autre comme le président d'une assemblée factieuse : l'enthousiasme des troupes éclate. « Soldats, s'écrie Bonaparte, puis-je compter sur vous ? — Oui, oui, répondent-ils d'une voix unanime. — Eh bien donc, reprend le général, d'un ton plus énergique que le langage permis à l'historien, allons mettre ces bavards à la raison (1). » Il revient sur ses pas avec sa troupe, enveloppe l'orangerie, et donne l'ordre de la faire évacuer. Un détachement de grenadiers entre dans la salle, Murat les commande et dit : « Au nom du général Bonaparte, le corps

---

(1) Les paroles prononcées par Bonaparte ont été rapportées à l'auteur de cette notice par un témoin oculaire de l'évènement.

législatif est dissous, que les bons citoyens se retirent : grenadiers, en avant. » Le tambour bat la charge et couvre les cris, les grenadiers s'avancent et tous les députés sortent par les fenêtres devant les baïonnettes. Il n'y eut plus dès lors de représentation libre, et il ne resta de la république française que le nom.

Chef de l'Etat sous le nom de premier consul, Bonaparte fit, dans la belle saison, sa résidence habituelle du château de Saint-Cloud, où il ordonna de grandes constructions et de nombreux embellissements. Devenu empereur, il continua d'habiter ce séjour, et c'est là que fut célébré son mariage civil avec Marie-Louise d'Autriche. L'année suivante Napoléon avait obtenu un héritier, il était au comble de sa fortune et de sa puissance, et voulut que son anniversaire fût célébré à Saint-Cloud par une fête nocturne d'une magnificence incomparable. Dans la nuit du 15 août 1811, les jardins de Saint-Cloud présentèrent tout à coup un tableau féerique : des milliers de lumières disséminées dans les bosquets, dans les jardins, firent succéder un éclat merveilleux à la clarté du jour : des verres innombrables de toute couleur figurèrent dans les vastes allées du parc, des portiques, des colonnades, des décorations fantastiques dont les feux se multipliaient à l'infini dans les bassins; dans les cascades; et se reflétaient au loin dans les eaux du fleuve; à ces éblouissants prestiges se mêlaient ceux de brillants jets d'artifice, lancés par l'artillerie impériale; une population immense dansait dans les bosquets magiques au bruit de cent orchestres dont les accords étaient couverts, de moment en moment, par le grondement du canon. Un orage survint : le bruit du tonnerre vint à son tour s'entremêler au fracas de l'artillerie; la tempête enleva les brillants décors, des torrents d'eau éteignirent les feux de joie, et l'orage qui sévissait avec force demeura seul maître de la scène. Emblème sinistre, sombre présage de cette autre tempête qui grossissait au loin, et qui allait fondre sur l'empire et sur l'empereur.

La France vit bientôt fléchir la fortune de Napoléon, et après les deux catastrophes de 1814 et de 1815, le farouche Blucher, établi à Saint-Cloud, étendait sa botte insolente sur la couche impériale, nourrissait une meute de chiens sous les lambris dorés de cette résidence, et déchaînait ainsi brutalement sur la demeure du conquérant la colère sauvage qu'il n'avait pu assouvir sur sa personne. Enfin, le 3 juillet de cette fatale année 1815, les chefs du gouvernement provisoire signèrent à Saint-Cloud, avec Wellington et Blucher, commandants des forces anglaises et prussiennes, le traité qui réglait les articles de la capitulation de Paris.

Sous la restauration, Saint-Cloud redevint la demeure des rois : Louis XVIII y passa constamment une partie de l'année avec sa famille : Charles X suivit cet usage, et ce séjour fut encore à la fin de son règne le théâtre de grands événements : là furent signées les funestes ordonnances de juillet : là s'accomplit le dernier acte de la chute d'une dynastie. Un auteur qui a vu ce qu'il raconte, a tracé dans un ouvrage (1) le tableau de la cour durant les trois journées. Le récit suivant est extrait de son livre : « A côté du grand spectacle de Paris insurgé pour la défense de ses institutions et de ses libertés, celui qu'offrait à Saint-Cloud l'intérieur de la résidence royale n'était pas non plus sans intérêt. Quelques courtisans élevés en dignités, ceux dont la raison était éclairée par l'imminence du péril et par l'expérience du malheur, pâlirent à la lecture des ordonnances de juillet, et renfermèrent leurs secrètes appréhensions dans un silence inquiet et improbateur ; tandis que les hommes qui à tout moment assiégeaient l'oreille du prince,

---

(1) *Histoire de France*, par M. Emile de Bonnechose, t. II, p. 482 et 483. Quatrième édition, Paris, Didot.

ceux aussi qui dans un rang inférieur peuplaient sa cour, s'abandonnaient la plupart à une joie insensée; il fallait, disaient-ils, un exemple sévère; Charles X, à les entendre, allait porter le coup mortel aux jacobins, Charles X venait enfin d'agir en monarque, de ce jour seulement il était roi. Cette foule téméraire passa promptement à la rage et à un désespoir aussi aveugle que l'avait été son ivresse : mais celui qui dans le palais, presque seul entre tous, appelait sur sa personne un vif intérêt, c'était l'auteur et la première victime de cette catastrophe prodigieuse, c'était le roi. Louis XVI, disait-il, s'était perdu pour avoir cédé toujours; et Charles X, oubliant que le grand art de gouverner consiste à employer à propos la concession et la résistance, avait cru sauver sa couronne en ne cédant jamais. L'événement trompait son espoir, et il dérobait en public à tous les yeux, sur son front impassible, le secret de ses émotions déchirantes. Rempli du sentiment que le cœur éprouve lorsqu'on croit s'acquitter d'un grand et pénible devoir, pénétré de confiance dans la protection céleste, et sourd en apparence à la voix lugubre du tocsin qui sonnait au loin la dernière heure de sa monarchie, Charles X cherchait au pied de l'autel l'assurance qu'il ne trouvait plus autour de lui. Il y avait eu de sa part, dans les derniers actes de son règne, une illusion étrange, une faute immense, mais il y avait aussi de la majesté dans le regard serein du vieux monarque ferme encore et résigné sur les débris croulants de son trône... Enfin Marmont ayant reparu à Saint-Cloud avec les débris de ses bataillons, et tout espoir étant perdu, Charles X, dans la nuit du 29 au 30 juillet, ordonna le départ. Quelques heures plus tard les vainqueurs parisiens étaient à Saint-Cloud, et c'est ainsi que le règne de la branche aînée des Bourbons s'éteignit au lieu même où, deux cent quarante ans auparavant, il avait commencé. »

Dans le cours de 1832, le roi Louis-Philippe vint, avec sa famille, habiter Saint-Cloud, résidence de ses pères : il y reconnut de nombreuses imperfections, et, dans le cours des années suivantes, il y fit exécuter d'immenses travaux où l'on reconnaît le goût éclairé d'un prince ami des arts, et la haute intelligence qui dans ses loisirs a dirigé la restauration de Fontainebleau, et exécuté l'œuvre nationale des galeries de Versailles.

Saint-Cloud s'honore donc avec justice d'une illustration de quatorze siècles, égale en durée à celle de la monarchie française. Son palais, ses beaux ombrages, ses ruines même s'associent en nos souvenirs à des événements fameux dans toutes les époques de notre histoire. Chaque siècle, chaque dynastie a marqué ces lieux en passant de quelque signe ineffaçable. Lorsque le regard se reporte du vieux pan de muraille, débris encore debout de l'antique église, au drapeau tricolore qui flotte sur la royale demeure, on a lieu de s'étonner qu'un si étroit espace ait été le théâtre de tant de grands événements. Ces lieux remplis de la gloire des plus grands princes, témoins de leur naissance, de leurs mariages, de leurs fêtes, ont entendu mille acclamations en leur honneur; ils ont retenti aussi du bruit des batailles, des clameurs des assemblées populaires, et du fracas sinistre de la chute des trônes. Dans les belles nuits de l'été, au milieu des concerts et des danses, la foule bruyante, livrée tout entière aux plaisirs, songe peu que les Henri IV, les Louis XIV, les Napoléon ont foulé le même sol : si ces géants de notre histoire apparaissaient tout à coup escortés des personnages illustres qui ont consacré ces mêmes lieux par leur séjour ou par leur présence, rien n'égalerait la majesté d'un semblable cortége, et jamais spectacle plus imposant ne s'offrirait aux regards des hommes.

DESCRIPTION.

BOURG DE SAINT-CLOUD.

Le bourg de Saint-Cloud, situé à environ deux lieues à l'ouest de Paris, fait partie du département de Seine-et-Oise; il possède environ 2,400 habitants, et couvre le penchant d'un coteau sur la rive gauche de la Seine. Il communique avec la rive opposée par un fort beau pont en pierre qui rappelle de sinistres souvenirs : c'était là qu'on attachait ces fameux filets, dits *filets de Saint-Cloud*, où l'on arrêtait les corps entraînés de Paris par le courant de la Seine (1). L'exécution de la nouvelle route départementale conçue par le roi Louis-Philippe, et qui, partant de la place à droite du pont, doit tourner au nord le coteau de Saint-Cloud, ajoutera beaucoup à l'importance du lieu et à sa population.

L'ancienne église de Saint-Cloud est abattue : on voit encore un pan de mur tout noirci, et qui indique combien la situation de ce monument était pittoresque. Marie-Antoinette, peu de temps avant la révolution, fit commencer une nouvelle église qui n'a jamais été achevée d'après le plan primitif : cette église, consacrée en 1820, ne se compose que des voussures qui dans le projet de la reine devaient être la nef du monument. Les autres parties de l'édifice manquent,

---

(1) Pour plus de détails sur le pont de Saint-Cloud, voyez la *Notice*, pages 12 et 19.

on voit seulement les colonnes de la façade, et l'on entre du côté opposé. Derrière la place de l'Eglise et dans la partie la plus élevée du bourg se trouve un bel hospice fondé en 1788 par la reine Marie-Antoinette, et desservi par les sœurs de Saint-Vincent de Paule.

Au commencement du dix-huitième siècle, avant l'établissement de la belle manufacture de Sèvres, Saint-Cloud était renommé pour ses porcelaines, et, dans un mémoire lu à l'Académie des Sciences, M. de Réaumur disait : « Cette porcelaine n'est pas du premier rang, elle ne doit pas être mise en parallèle avec l'ancienne porcelaine ; mais il en vient tous les jours de la Chine qui ne la vaut pas, et celle de Saint-Cloud est certainement plus blanche (1). »

Une fête annuelle attire à Saint-Cloud, en septembre, durant trois dimanches consécutifs, une grande partie de la population de Paris et des environs. Le parc présente alors, et surtout à la chute du jour, un aspect magique ; ce ne sont de toutes parts qu'illuminations, feux d'artifice, orchestres bruyants, danses, jeux, spectacles de tout genre. Durant l'année entière, Saint-Cloud est un rendez-vous et un but de promenade pour les Parisiens et les étrangers, qui viennent visiter son château royal et ses magnifiques jardins.

Un grand nombre d'artistes célèbres sont attirés à Saint-Cloud par son site et par ses fêtes ; mais ce bourg a été rarement adopté par eux comme résidence habituelle. Saint-Cloud pos-

---

(1) *Mémoires de l'Académie des Sciences*, ann. 1729 et 1730.

sède cependant aujourd'hui un de nos meilleurs peintres : M. Duval Lecamus y habite une partie de l'été; il vient s'y reposer des voyages qu'il sait rendre féconds pour le bel art qu'il cultive, et y achever ces productions, à la fois naïves et piquantes, dont il enrichit nos salons et nos musées.

PALAIS.(1).

AVENUE ET PREMIÈRE COUR.

On arrive au palais par une large avenue qui, partant de la place et montant à gauche, conduit à la grille de la première cour. A gauche de l'avenue, on voit une vaste et belle caserne bâtie par Charles X ; elle était occupée par les gardes du corps, et elle l'est maintenant par un escadron de cavalerie et un bataillon d'infanterie. La première cour du château, dite cour royale, est d'une forme irrégulière et bizarre : c'est là que, le 19 brumaire, Bonaparte harangua ses soldats et donna l'ordre d'expulser les députés qui siégeaient dans l'Orangerie.

SECONDE COUR, DITE COUR D'HONNEUR.

Le palais, formé d'un corps de logis principal et de deux ailes avancées, se présente au fond de cette cour, dans laquelle on entre par une

---

(1) L'exposé de la destination successive des appartements le plus remarquables précède ou suit l'explication des peintures, sculptures et objets d'art dans chaque pièce principale.

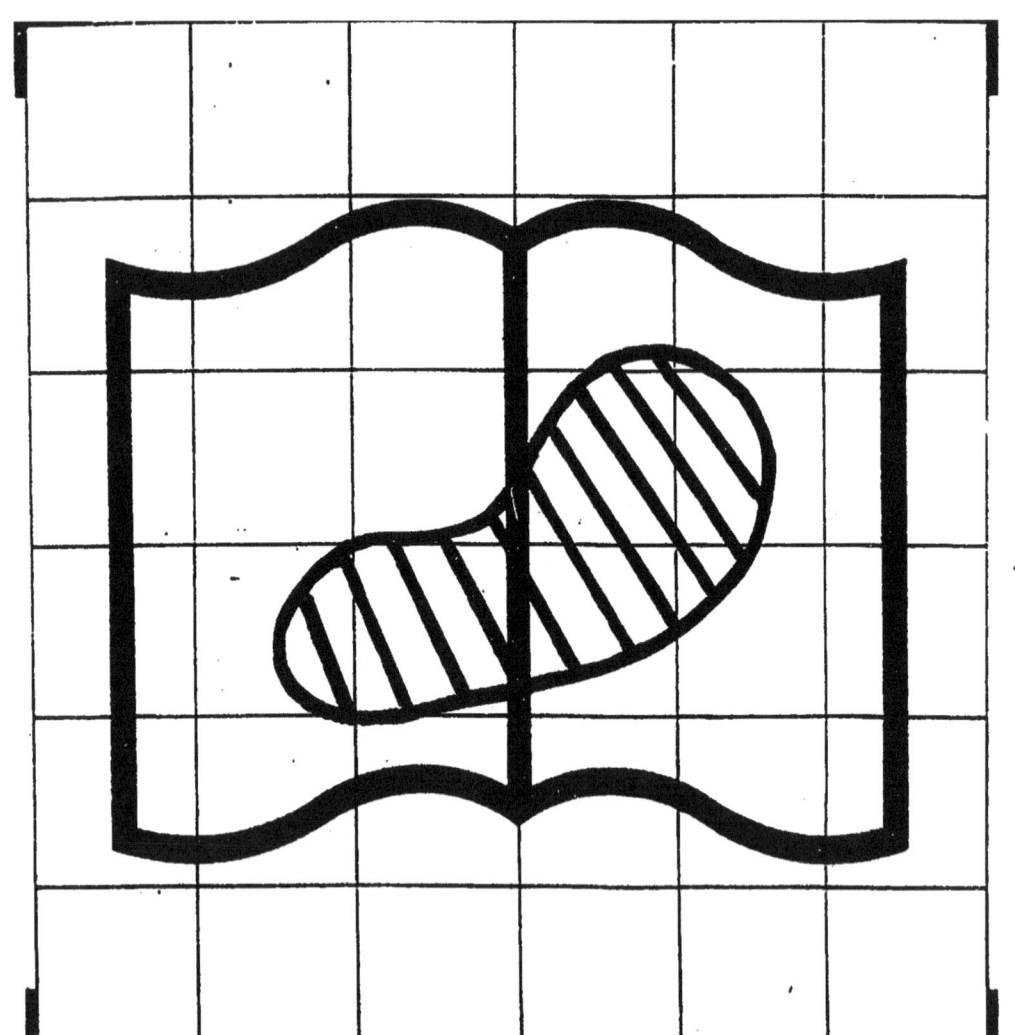

grille située de côté. En face du palais, deux grands piédestaux, soutiennent deux statues colossales qui représentent la Seine et l'Oise : la première de ces statues a été exécutée par M. Mallet, la seconde par M. Nanteuil. La façade principale est ornée de quatre colonnes corinthiennes surmontées de quatre statues resentant la *Force*, la *Prudence*, la *Richesse* et la *Guerre*. Chaque aile du château est décorée d'un fronton représentant à gauche *Cybèle*, à droite *Bellone*. On voit en outre des deux côtés quatre statues allégoriques enfoncées dans des niches; elles sont l'ouvrage de Denizot.

VESTIBULE DU ROI.

ARTISTES. — PEINTURES ET SCULPTURES.

GUILLOIS (François-Pierre).
A gauche en entrant. — L'Innocence; statue en marbre.

JULIEN (Pierre).
A droite en entrant. — Gladiateur mourant; statue en marbre, d'après l'antique.

BRIDAN (Pierre-Charles).
Au fond et au milieu. — Épaminondas; statue en marbre.

PREMIER ÉTAGE.

ESCALIER DU ROI.

M. SCHEFFER (Ary).
Portrait équestre du Roi.

GRANDS APPARTEMENTS (1).

PREMIER SALON, SERVANT DE VESTIBULE.

Plafond par Claude Audran. — L'Histoire écrit la vie de Philippe de France (*Monsieur*), duc d'Orléans.

SALON DE MARS.

PLAFOND, VOUSSURES ET DESSUS DE PORTE, par Pierre Mignard.
Plafond. — L'Olympe. — Gravé par J.-P. Poilly.
Voussure du côté du jardin. — Mars et Vénus. — Gravé par J.-B. Poilly.
Voussure du côté des appartements. — Les forges de Vulcain, en Sicile. — Gravé par J.-B. Poilly.
Dessus de porte. — 1° La Jalousie et la Discorde. — Gravé par Jean Audran. — 2° Les plaisirs des jardins. — Gravé par Benoît Audran.
VANDER MEULEN (Antoine-François), et LEBRUN (Charles).
Louis XIV, portrait équestre.

GALERIE D'APOLLON.

La galerie d'Apollon a toujours été destinée aux très-nombreuses réceptions. Elle a été le théâtre d'un grand événement historique. Le conseil des *anciens* siégeait dans cette galerie au 18 brumaire.

---

(1) La plupart des étiquettes portant les numéros des peintures et sculptures n'étaient point encore posées dans les grands appartements lorsque ce livret a paru; l'auteur y a suppléé en indiquant la place respective de chacun d'eux.

(Voyez la *Notice historique*, page 25.) Quelques années plus tard, le 27 mars 1805, le pape Pie VII vint en grand cortége conférer le baptême au neveu de Napoléon, fils aîné de son frère le roi de Hollande. C'est là enfin que le mariage civil de Napoléon avec Marie-Louise, archiduchesse d'Autriche, a été célébré le 1er avril 1810.

Les peintures de la voûte ont été exécutées par Pierre Mignard. Le roi Louis-Philippe a fait restaurer toutes ces belles peintures, qui sont le plus grand ornement de la galerie d'Apollon.

Au-dessus de la porte d'entrée. — Naissance d'Apollon et de Diane. — Latone implore Jupiter, qui change en grenouilles les paysans de Lycie.

Au milieu de la voûte. — Apollon, dieu du jour. — Le triomphe du soleil.

A droite et à gauche de la voûte. — Les quatre saisons :

Le printemps. — Flore et Zéphyre.
L'été. — Les fêtes de Cérès.
L'automne. — Les fêtes de Bacchus.
L'hiver. — Borée et ses fils.

A l'extrémité de la galerie, au-dessus des fenêtres :
Le Parnasse. — Apollon et les Muses.

Dans le milieu de la voûte, entre les grands tableaux :

1° Circé, fille du Soleil.
2° Clymène conduit son fils Phaëton à Apollon.
3° Apollon montre à la Vertu le temple de l'Immortalité.
4° La chute d'Icare.

Côté de la cour, à droite en entrant :
Inconnu.
   14. — Vue de Malte, prise devant le fort Manoel.
   15. — Vue de Malte, prise devant le fort Saint-Elme.

RYSBRACK (Pierre).
   16. — Chasse au Loup.

DUMONT (Jacques), dit le ROMAIN.
   17. — La Paix ; figure allégorique.

VERNET (Claude-Joseph).
   18. — Marine.

COYPEL (Antoine).
   19. — Allégorie à la gloire de Louis XIV.

CANALETTO (Antonio Canal, dit). (*Ecole vénitienne.*)
   20. — Vue de la place Saint-Marc, à Venise.

Ecole française.
   21. — Paysage.

WATTEAU (école de).
   22. — La leçon de musique.

CANALETTO (Antonio Canal, dit). (*Ecole vénitienne.*)
   23. — Vue de l'église de Saint-Zacharie, à Venise.

Ecole française.
   24. — Paysage.
   25. — Diane.

PANNINI (Giovanni Paolo). (*Ecole romaine.*)
   26. — Les vendeurs chassés du Temple.

BERTIN (Nicolas).
   27. — Acis et Galathée.

CANALETTO (Antonio Canal, dit). (*Ecole vénitienne.*)
28. — Vue de Venise.

PANNINI (Giovanni Paolo). (*Ecole romaine.*)
29. — La piscine.

BERTIN (Nicolas).
30. — Jupiter et Léda.

BOUCHER (François).
31. — L'enlèvement d'Europe.

MOUCHERON (Isaac).
32. — Paysage.

ROBERT (Hubert).
33. — Paysage. — Un portique d'ordre dorique.

BOUCHER (école de).
34. — Jeux d'enfants. — La pêche.

VAN SPAENDONCK (Gérard).
35. — Des fleurs dans une corbeille.

COYPEL (Noël-Nicolas).
36. — Diane et la nymphe Eucharis.

Ecole française.
37. — Portrait de femme de l'époque de Louis XIV.

M. VANDAEL (Jean-François).
38. — Fleurs et fruits.

MAROT (François).
39. — Enlèvement de Déjanire.

Ecole française.
40. — Portrait de femme du temps de Louis XIV.

MOUCHERON (Isaac).
41. — Paysage.

ROBERT (Hubert).
    42. — Paysage. — Ruines d'un temple de l'ordre ionique.

Ecole française.
    43. — Jeux d'enfants.

GIORDANO (Luca). (*Ecole napolitaine.*)
    44. — Allégorie à la gloire des arts.

VANDER MEULEN (Antoine-François).
    45. — La bataille de Cassel. — « L'armée du prince d'Orange défaite devant Mont-Cassel par l'armée du Roy, commandée par *Monsieur*, duc d'Orléans, en 1677. »
        Esquisse du tableau original, gravé par R. Bonnart.

CANALETTO (Antonio Canal, dit). (*Ecole vénitienne.*)
    46. — Vue de la place Saint-Marc, à Venise.

LEMOYNE (François).
    47. — Hercule et Cacus.

VANDER MEULEN (Antoine-François).
    48. — Saint-Omer, « vu du côté du fort de Bournonville, assiégé et pris par l'armée du Roi, sous le commandement de *Monsieur*, duc d'Orléans, en avril 1677. »
        Esquisse du tableau original, gravé par R. Bonnart.

VERDIER (François).
    49. — Vénus et Adonis.

CANALETTO (Antonio Canal, dit). (*Ecole vénitienne.*)
    50. — Vue de Venise. — Une fête devant le palais ducal.

LAHYRE (Laurent de).
51. — Paysage. — L'ânesse de Balaam.

NATOIRE (Charles).
52. — La Charité.

CANALETTO (Antonio Canal, dit). (*Ecole vénitienne.*)
53. — Vue du palais ducal à Venise. — Escalier des Géants.

RAOUX (Jean).
54. — Pygmalion.

Ecole flamande.
55. — Officier des troupes espagnoles du temps de Louis XIII.

DUCHESNE.
56. — Anne d'Autriche, reine de France et de Navarre.

Côté du salon de Diane et de la chapelle :

CANALETTO (Antonio Canal, dit). (*Ecole vénitienne.*)
57. — Le Doge de Venise sur le *Bucentaure*, abordant à l'île de Lido.

RESTOUT père (Jean).
58. — Nymphe se réfugiant dans les bras de Diane.

Ecole flamande.
59. — Officier des troupes espagnoles du temps de Louis XIII.

CANALETTO (Antonio Canal, dit). (*Ecole vénitienne.*)
60. — Le Doge de Venise se rendant à l'église *Santa-Maria della Salute*.

VERNET (Claude-Joseph).
61. — Paysage. — La bergère des Alpes.

OBJETS D'ART.

NATOIRE (Charles).
62. — Agar dans le désert.

Ecole française.
63. — Halte de voyageurs à la porte d'une auberge.

BERTIN (Nicolas).
64. — Jupiter et Danaé.

VICENTINI (Antonio). (*Ecole vénitienne.*)
65. — Vue du grand canal, à Venise.

Ecole flamande.
66. — Intérieur de corps de garde.

BERTIN (Nicolas).
67. — Psyché abandonnée par l'Amour.

DETROY fils (Jean-François).
68. — Hercule délivre Prométhée.

ALLÉGRAIN (Etienne).
69. — Paysage composé.

ROBERT (Hubert).
70. — Paysage. — Un pont sur un torrent.

COYPEL (Noël-Nicolas).
71. — Apollon et Vénus.

VAN-OS (Jean).
72. — Des fleurs.

COYPEL (Noël-Nicolas).
73. — Vénus demande des armes à Vulcain.

NATOIRE (Charles).
74. — Flore.

VAN-OS (Jean).
75. — Fleurs et fruits.

MAROT (François).
76. — Jupiter et Sémélé.

NATOIRE (Charles).
77. — Zéphyre.

ALLÉGRAIN (Etienne).
78. — Paysage.

ROBERT (Hubert).
79. — Site composé.

COYPEL (Noël-Nicolas).
80. — Arion.

GASTIELS.
81. — Vue de Paris vers 1560. — La tour du Bois, la galerie du Louvre, le vieux Louvre, la tour de Nesle, etc.

BOULLONGNE (Bon).
82. — Pan et Syrinx.

MARIESCHI (Jacopo). (*Ecole vénitienne.*)
83. — Vue de Venise. — Entrée du grand canal.

GASTIELS.
84. — Site composé.

BERTIN (Nicolas).
85. — Persée et Andromède.

NATOIRE (Charles).
86. — Triomphe de Bacchus.

BELLOTTO (Bernardo). (*Ecole vénitienne.*)
87. — Vue de la grande salle des séances au palais ducal, à Venise.

Ecole française.
88. — Paysage. — Apollon garde les troupeaux d'Admète.

REGNAULT (Jean-Baptiste).
89. — Scène du déluge.

CANALETTO (Antonio Canal, dit). (*Ecole vénitienne.*)
90. — Vue de la place Saint-Marc et du palais ducal à Venise.

Ecole française.
91. — Paysage. — Site composé.
LEMOYNE (François).
92. — La Fécondité.
VERNET (Claude-Joseph).
93. — Paysage. — Le soir, effet d'orage.
Ecole française.
94. — Allégorie à la gloire de Louis XIV.
Inconnu.
95. — Vue du grand port, prise de la Valette, à Malte.
96. — Vue de la Valette, de la Floriane et du fort Saint-Elme, prise de Vittoriosa, à Malte.
RYSBRACK (Pierre).
97. — La chasse au cerf.
DUMONT (Jacques), dit le Romain.
98. — La Force; figure allégorique.

A droite et à gauche de la porte d'entrée de la galerie se trouvent deux magnifiques vases en porcelaine de Sèvres; ils sont l'ouvrage de Thomire, et la corde en bronze doré qui les entoure leur a fait donner le nom de *vases cordeliers*.

A l'extrémité opposée de la galerie, on voit un autre grand vase de Sèvres. Il est d'un travail admirable et il a été commandé, pour la résidence de Saint-Cloud, par la reine Marie-Antoinette.

A droite et à gauche de ce dernier vase, et dans les encoignures de la galerie, sont les modèles en marbre antique de deux colonnes. Le monument de gauche est une colonne civique; le monument de droite est le modèle de la colonne Trajane présenté au premier consul. Ce modèle a été adopté pour la colonne de la place Vendôme, et la représente fidèlement, moins la spirale de bas-reliefs en bronze, qui l'entoure.

SALON DE DIANE.

PLAFOND ET VOUSSURES, par Pierre Mignard.

Plafond. — Diane, déesse de la nuit.

Voussures. — La toilette, la chasse, le bain et le sommeil de Diane.

FRANQUE (Pierre).
  99. — Henri IV, roi de France et de Navarre.
BADIN (Pierre-Adolphe).
  100. — Louis XIII, roi de France et de Navarre.

En face de la porte d'entrée.

FRANQUE (Pierre).
  101. — Philippe de France (*Monsieur*), duc d'Orléans.

A droite de la porte de la chapelle.

BALTHASAR (Casimir de).
  102. — Philippe d'Orléans, duc d'Orléans, régent du royaume; portrait équestre.
BADIN (Pierre-Adolphe).
  103. — Louis d'Orléans, duc d'Orléans.

A gauche de la porte de la chapelle.

WACHSMUT (A.).
  104. Louis-Philippe d'Orléans, duc d'Orléans; portrait équestre.

A côté de la porte d'entrée.

BOULANGER.
  105. — Louis-Philippe-Joseph d'Orléans, duc d'Orléans; portrait équestre.

OBJETS D'ART. 47

CHAPELLE.

Aucun tableau ne décore la chapelle.

Les grisailles des voussures ont été peintes par Sauvage.

Les scupltures des archivoltes sont par Deschamps.

Le bas-relief du maître autel, par Jacques-Philippe le Sueur.

Le mariage de S. A. R. Mgr le duc de Nemours avec S. A. R. la princesse Victoire de Saxe-Cobourg, a été célébré dans cette chapelle le 27 avril 1840.

SALON DE VÉNUS.
ENTRÉE PAR LE SALON DE MARS.

Ce salon et les trois suivants composent le grand appartement de réception. Ces pièces, dans leur ensemble et dans leurs détails, rappelaient trois époques distinctes sans ordre et sans harmonie. Le roi Louis-Philippe, justement choqué de cette disparité, fit raccorder leurs plafonds avec ceux de Mignard; il en changea l'ameublement et la tenture, et substitua aux riches étoffes brochées de Lyon, dont Napoléon les avait décorées, une suite complète de tapisseries des Gobelins. Ces tapisseries représentent les beaux tableaux que Rubens avait exécutés pour la galerie du Luxembourg.

Plafond par François Lemoyne. — Junon empruntant la ceinture de Vénus.

106. — Philippe de France, duc d'Anjou, déclaré roi d'Espagne (Philippe V) (16 novembre 1700).

Tapisserie faite aux Gobelins, d'après le tableau de François Gérard.

107. — Naissance de Marie de Médicis, le 26 avril 1575, à Florence.

Tapisserie faite aux Gobelins,
d'après le tableau de Rubens.

108. — Henri IV reçoit le portrait de Marie de Médicis (1600).

Tapisserie faite aux Gobelins,
d'après le tableau de Rubens.

109. — Mariage de Marie de Médicis avec Henri IV, à Florence (5 octobre 1600). — « Le grand-duc (Ferdinand de Médicis, premier du nom) épouse par procuration, au nom du Roi, la princesse sa nièce : le cardinal Aldobrandini leur donne la bénédiction nuptiale. »

Tapisserie faite aux Gobelins,
d'après le tableau de Rubens.

110. — Portrait en pied de Marie de Médicis sous la figure de Bellone.

Tapisserie faite aux Gobelins,
d'après le tableau de Rubens.

On voit dans cette pièce un magnifique billard en bois d'ébène incrusté d'or et d'écaille, d'un travail fort remarquable. Une pendule à équation orne la cheminée; elle est l'œuvre de Robin père.

SALON.

Plafond par Antoine Coypel. — Le triomphe de la Vérité.

111. — Mariage de Henri IV avec Marie de Médicis, à Lyon (27 décembre 1600). — « La ville de Lyon, assise sur un char traîné par deux lions, lève ses regards vers le ciel, et admire les nouveaux époux qui y sont représentés sous les traits de Jupiter et de Junon. »

Tapisserie faite aux Gobelins, d'après le tableau de Rubens.

112. — Naissance de Louis XIII à Fontainebleau (27 septembre 1601).

Tapisserie faite aux Gobelins, d'après le tableau de Rubens.

113. — Henri IV confie à la Reine le gouvernement du royaume (mai 1610). — « Au milieu d'eux est le Dauphin, qui depuis régna sous le nom de Louis XIII. »

Tapisserie faite aux Gobelins, d'après le tableau de Rubens.

114. — Réconciliation de Marie de Médicis avec son fils (30 avril 1619).

Tapisserie faite aux Gobelins, d'après le tableau de Rubens.

BIBLIOTHÈQUE.

Cette pièce, d'une construction aussi élégante qu'originale, n'existait pas encore en 1838. Le roi Louis-Philippe Ier en a conçu la pensée et en a dirigé l'exécution. Elle est éclairée par le haut et ouvre les communications entre les grands appartements de réception et les jardins. Lorsque toutes les portes sont ouvertes, on jouit d'un coup d'œil admirable et peut-être unique : on voit, d'un côté, Paris et sa vaste plaine; de l'autre, on aperçoit les magnifiques allées du parc.

La bibliothèque se compose de trois étages séparés par deux galeries auxquelles on monte par un escalier ingénieusement pratiqué derrière la cheminée.

Elle est composée d'environ douze mille vo-

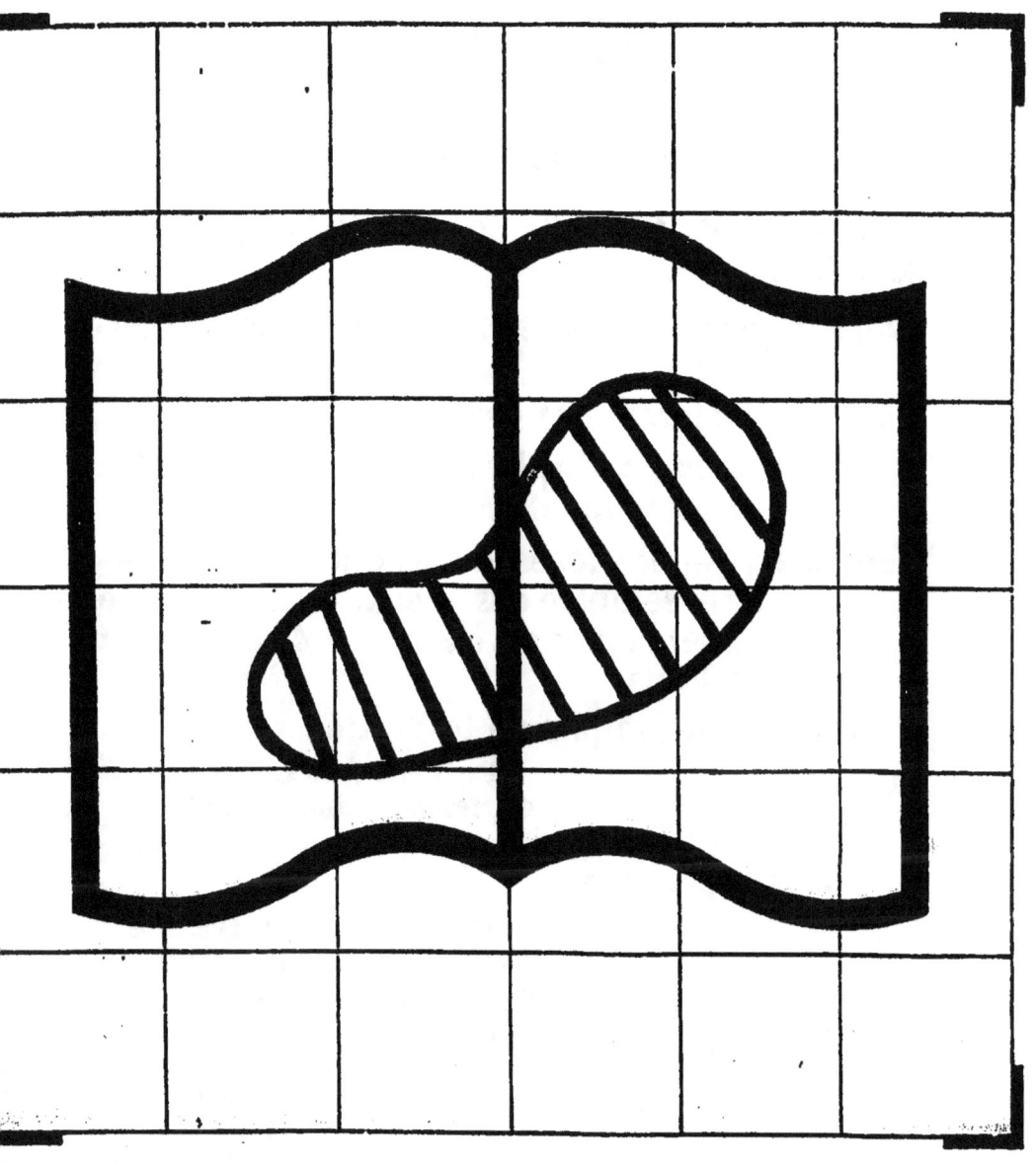

lumes, et renferme un grand nombre de beaux ouvrages et de riches collections modernes fort coûteuses auxquelles le Roi souscrit et consacre chaque année des sommes considérables destinées à encourager les arts et les sciences.

SALON DE MERCURE.

Ce salon était la salle du conseil des ministres sous Napoléon.

Plafond, voussures et dessus de porte, par M. Allaux.

Plafond. — Mercure et Pandore.

A droite et à gauche du plafond, des génies portent les attributs de Mercure.

Voussures. — 1° Noces de Thétis et Pélée. — 2° Assemblée des Dieux. — 3° Mercure remet la pomme à Pâris. — 4° Jugement de Pâris.

115. — Le triomphe de la Vérité.
Tapisserie faite aux Gobelins, d'après le tableau de Rubens.

116. — La Reine s'enfuit du château de Blois (22 février 1619).
Tapisserie faite aux Gobelins, d'après le tableau de Rubens.

117. — Voyage de Marie de Médicis au Pont-de-Cé, en Anjou (1614).
Tapisserie faite aux Gobelins, d'après le tableau de Rubens.

118. — La conclusion de la paix (11 sept. 1620). — « Devant le temple de la Paix, cette déesse éteint le flambeau de la guerre malgré les violents efforts et la rage im-

puissante de la Fraude, de la Fureur et de l'Envie. »

Tapisserie faite aux Gobelins,
d'après le tableau de Rubens.

119. — La destinée de Marie de Médicis. — « Les Parques, sous les auspices de Jupiter et de Junon, filent les jours de Marie de Médicis. »

Tapisserie faite aux Gobelins,
d'après le tableau de Rubens.

Au milieu du salon de Mercure se trouve une table en mosaïque d'un travail admirable, représentant le bouclier d'Achille décrit par Homère ; cette table, faite à Rome, a été donnée par le pape à Charles X.

SALON DE L'AURORE.

Ce joli salon n'était, avant 1838, qu'une antichambre sans aucun ornement. Son élégante et riche décoration est due au goût éclairé du roi Louis-Philippe.

Plafond par Nicolas-Pierre Loir. — Le lever de l'Aurore.

APPARTEMENTS DU ROI.

Ces appartements étaient avant la révolution ceux de la reine Marie-Antoinette, ils ont ensuite été successivement habités par les impératrices Joséphine et Marie-Louise.

VESTIBULE DU ROI,
DONNANT SUR LE SALON DE L'AURORE ET SUR L'ESCALIER DE LA REINE.

M. GASPARD (père).
L'Amour ; statue en marbre.

M. CABAT (Louis).
    120. — Vue de l'étang de Ville-d'Avray.
M. TRIQUETI (Henri de).
    121. — Valentine de Milan et Charles VI.
M. BERTIN (Jean-Victor).
    122. — Vue de la ville d'Olevano dans la Sabine.
M. DUBUFE (Claude-Marie).
    123. — Jeune Alsacienne; étude.
M. TOURNIER.
    Fruits, oiseaux et bas-reliefs.
M. DUNOUY (Alexandre-Hyacinthe).
    125. — Vue de Naples, prise auprès de Capo di Monte.
M. BOUQUET (Michel).
    126. — Paysage. — Effet de soleil couchant.
M. OLAGNON (Pierre-Victor).
    127. — Des sœurs hospitalières.
M. PERROT (Antoine).
    128. — Vue de la place *dei Signori*, à Vicence.
Mme BRUNE (Aimée), née Pagès.
    129. — L'enlèvement.

SALON DE SERVICE.

M. GUÉ (Oscar).
    130. — Eglise de Saint-Pierre, à Gênes.
M. PERROT (Antoine).
    131. — Le baptistère de Pise.
M. WATELET (Louis-Etienne).
    132. — Vue générale de la ville de Rouen, prise de la montagne de Bonsecours.
Mlle COLLIN (L.).
    133. — Arrestation de Thomas Morus.

M. DAGUERRE (Louis-Jacques-Mandé).
134. — Intérieur d'une chapelle de l'église des Feuillants, à Paris.

Il y a dans ce salon une table d'un grand prix, exécutée avec différents marbres de carrières peu connues. Elle fait partie du mobilier du château de Saint-Cloud depuis le consulat.

Cette pièce renferme aussi deux fort beaux vases en porcelaine de Sèvres.

SALON DU ROI.

Les seuls ornements de ce salon sont deux vases très-précieux en marbre noir, revêtus de beaux camées de la manufacture de Sèvres.

DEUXIÈME SALON.

Cette pièce était la chambre à coucher de Marie-Antoinette; elle est devenue ensuite celle de Joséphine et de Marie-Louise. Elle est aujourd'hui, sous le roi Louis-Philippe, la salle du conseil des ministres.

MILLIN DU PERREUX (Alexandre-Louis-Robert).
135. — Vue du château de Pau.

M. le comte de FORBIN.
136. — Vue intérieure du cloître Saint-Sauveur, à Aix.

M. le comte TURPIN DE CRISSÉ.
137. Le chasseur de l'Apennin.

CHAUVIN.
138. — Vue de la Rufinella (États romains).

Entre les croisées de ce salon sont deux fort belles tables qui paraissent être de marbre et qui sont de bois pétrifié.

CABINET DU ROI.

Les croisées de cette pièce ont été montées en glace pour Joséphine, pendant le consulat. Les jolies peintures des panneaux sont de la même époque.

APPARTEMENTS DE LA REINE.

VESTIBULE.

PIGALE (Jean-Baptiste).
   140. — Narcisse; statue en marbre.

TAUNAY (Nicolas-Antoine).
   141. — Trait de courage. — « Deux enfants sauvés par le jeune Guillot, âgé de douze ans. »

DUNOUY (Alexandre-Hyacinthe).
   142. — Vue du palais et du parc de Saint-Cloud.

M. BIDAULD (Joseph-Xavier).
   143. — Vue d'une cascade de l'Isola di Sora (royaume de Naples).

M. GENOD (Michel).
   144. — Mariage de deux Bressans, béni par leur aïeul.

BOGUET (O.).
   145. — Paysage historique. — La reine Andovère précipitée dans un torrent par ordre de Frédégonde.

M. le comte de FORBIN.
   146. — Vue des ruines du château de la Barben, en Provence, à l'aube du jour.

M. JOLLIVET (Jules).
   147. — Une guérilla.

OBJETS D'ART.

M. FOUQUET (Louis-Victor).
148. — Les singes savants.

M. CHAMPMARTIN (E.).
149. — Halte en Palestine en 1825.

SALON DE SERVICE.

M. le vicomte de BARDE.
150. — Des minéraux; *aquarelle*.
151. — Des coquillages; *aquarelle*.
152. — Le grand tigre royal étouffé par un serpent; *idem*.
153. — Des vases antiques; *idem*.
154. — Des oiseaux; *idem*.
155. — Des oiseaux étrangers; *idem*.

VANSPAENDOCK (d'après).
156. — Fleurs et fruits sur porcelaine.
Copie faite en 1784 à la manufacture royale de Sèvres.

PREMIER SALON.

Il y a peu d'années, en soulevant la tapisserie qui couvrait un des panneaux de cette pièce, on vit écrit distinctement sur ce panneau : *premier salon de la duchesse d'Orléans*. Il y a donc quelque lieu de croire que c'est dans cette partie du château, et dans le voisinage de cette pièce, qu'a succombé l'infortunée Henriette d'Angleterre (1).

M. REGNY (Alphée de).
157. — Vue de Naples.

M. RICHARD (Fleury-François).
158. — Marie-Félice des Ursins, duchesse de Montmorency, à Nevers.

---

(1) Voyez la *Notice historique*, page 21.

M. GUINDRAND.
159. — Vue d'un canal en Belgique.

M. FONTENAY.
160. — Maison rustique.

M. LATTEUX (Eugène).
161. — La cathédrale de Milan.
162. — Jeanne d'Arc consulte l'ermite de Vaucouleurs.

M. LAURENT (J.-A.).
163. — L'enfance de Duguesclin. — « Une religieuse prédit à la mère de Duguesclin que son fils sera le plus grand personnage de son siècle. »

M. GRANET (François-Marius).
164. — Prise d'habit d'une jeune fille d'Albano.

M. JUSTIN-OUVRIÉ.
165. — Vue du grand canal à Venise.

Mme HERSENT.
166. — Visite de Sully à la Reine, le lendemain de la mort de Henri IV.

M. COUPIN DE LA COUPRIE (Marie-Philippe).
167. — Valentine de Milan devant le tombeau du duc d'Orléans.

M. GUDIN (Théodore).
168. — Vue prise au large du port de Lorient.

M. LAPITO (Louis-Auguste).
169. — Souvenir des environs du lac Majeur, côté de la Suisse italienne.

M. COTTRAU (Félix).
170. — Promenade de nuit à Venise.

M. RÉVOIL (Pierre).
171. — Geoffroy de la Tour.

OBJETS D'ART. 57

SALON DE LA REINE.

M. BIARD (François).
172. — Le désert.

Il y a dans cette pièce une console remarquable en bosse d'orme, avec ornements en bronze doré. Ce meuble a été commandé par Napoléon, durant la guerre avec l'Angleterre, dans l'intention de faire substituer en France, pour les mobiliers, les bois indigènes au bois d'acajou, dont l'exploitation dans les Indes appartient presque tout entière aux Anglais.

CHAMBRE A COUCHER DU ROI ET DE LA REINE.

Le lit est en magnifique étoffe de Lyon avec brocart d'or.

CABINET DE LA REINE.

Buste de S. M. Léopold, roi des Belges.

APPARTEMENTS DE LL. AA. RR. Mgr LE DUC ET Mme LA DUCHESSE D'ORLÉANS.

ENTRÉE PAR LE VESTIBULE DE L'ESCALIER DU ROI.

Toute cette partie du palais qui longe le parc fermé a été construite par l'ordre de la reine Marie-Antoinette.

VESTIBULE.

TAUNAY (Nicolas-Antoine).
181. — Paysage. — Messe à une chapelle de Saint-Roch, en Italie.

M. WATELET (Louis-Etienne).
182. — Paysage.

M. BIDAULD (Joseph-Xavier).
183. — Paysage avec chute d'eau.

M. BERTIN (Jean-Victor).
   184. — Vue de la ville de Phœnos et du temple de Minerve.

SPAYEMANT (N.).
   185. — Paysage.

M. GARNERAY (Louis).
   186. — La pêche.

SALON DE SERVICE.

M. BOUHOT (Etienne).
   187. — Intérieur de la chapelle de la Vierge dans l'église de Saint-Sulpice.

M. LECOMTE (Hippolyte).
   188. — Jeanne d'Arc reçoit une épée des mains de Charles VII, pour aller à la délivrance d'Orléans.

CABINET.

On voit dans cette pièce deux tables en fort beau marbre de Florence, transportées d'Italie en France après la bataille de Marengo.

CHAMBRE DE S. A. R. Mgr LE DUC D'ORLÉANS.

M. FRANQUE (Pierre).
   189. — Henriette d'Angleterre, duchesse d'Orléans (1).
   190. — Elisabeth-Charlotte de Bavière, duchesse d'Orléans.

SALON.

Cette pièce était l'ancienne bibliothèque du palais; elle était aussi la salle du conseil des

---

(1) Voyez la *Notice historique*, page 21.

ministres sous Louis XVIII et Charles X, et c'est là qu'ont été signées les célèbres ordonnances de juillet 1830.

CHAMBRE A COUCHER DE S. A. R. MADAME LA DUCHESSE D'ORLÉANS.

Napoléon, Louis XVIII et Charles X ont successivement couché dans cette chambre. On voit, à la fenêtre de droite et dans le volet gauche, l'anneau où la serviette de l'empereur était passée lorsqu'il se rasait, et tout à côté on distingue encore la place où était fixé le clou qui supportait le miroir.

Le lit et la tenture nouvelle de cette pièce sont en magnifique damas broché de Lyon.

SALON DE PASSAGE DONNANT SUR LE PARC FERMÉ.

On assure que ce salon était le cabinet de travail de Louis XVI. Cette pièce, sous Napoléon, était l'appartement de famille, et c'est là que le soir se réunissait toute la famille impériale. Sous la restauration, elle devint le cabinet de Louis XVIII et de Charles X : elle n'a aucune destination particulière aujourd'hui.

Tableaux.

VERNET (Claude-Joseph).
   173. — Le feu d'artifice ou la nuit sur terre.
   174. — Le soir sur terre.
   175. — L'orage sur terre.
   176. — Le soir à la mer.
   177. — L'orage sur mer.
   178. — Soleil couchant à la mer.
   179. — Rentrée des pêcheurs ou le soir à la mer.
   180. — La pêche ou le matin sur terre.

REZ-DE-CHAUSSÉE.

APPARTEMENT DE S. A. R. MADAME LA PRINCESSE ADÉLAIDE D'ORLÉANS.

Cet appartement a été occupé par le roi de Rome.

VESTIBULE.

M. PRADIER.

Cyparisse; statue en marbre.

192. — Un jeune Bacchus; statue en marbre.

SALON DE SERVICE.

M. BERTIN (Jean-Victor).

193. — Vue prise dans les Apennins sur l'ancienne voie Valérie. — On aperçoit un temple dédié à Minerve Médica, et la petite ville de ce nom. Un groupe de Romains dépose des couronnes sur le tombeau d'Atticus.

Mme EMPIS.

194. — Le cap Rosso, en Corse.

M. REGNIER (Auguste).

195. — Une forêt.

SALON.

M. GARNERY (Hippolyte).

196. — Restes de l'église des Augustins à Rouen.

M. SAGLIO (Camille).

197. — Vue prise dans l'Oberland.

Mme HAUDEBOURT-LESCOT.

198. — Vue à la Madone, pendant un orage.

M. VAN SPAENDONCK (Gérard).

199. — Des fleurs.

M. GIGOUX (Jehan).

200. — Laure et Pétrarque.

OBJETS D'ART.

GIORGION (Giorgio Barbarelli, dit le). (*Ecole vénitienne.*)
  201. — Le chevalier Bayard.

CABINET.

M. LAPITO (Louis-Auguste).
  202. — Vue de Suisse.

M. VAN SPAENDONCK (Corneille).
  203. — Des fleurs et des lilas.

M. LECOMTE (Hippolyte).
  204. — Marie Stuart s'échappant du château de Lochleven.

VERNET (Carle).
  205. — Départ pour la chasse.

M. VANDER-BURCH (Jacques-Hippolyte).
  206. — Un paysage.

M. VANDER-BUCH père (Emile).
  207. — Paysage.

M. DUCIS (Louis).
  208. — La Musique.
  209. — La Poésie.
  210. — La Sculpture.
  211. — La Peinture.

DEUXIÈME ÉTAGE.

APPARTEMENTS DE LL. AA. RR. Mgr LE DUC ET Mme LA DUCHESSE DE NEMOURS.

SALLE D'ENTRÉE.

M. GRANET (François-Marius).
  212. — Vue intérieure du Colysée.

M. BRUNE (Christian).
  213. — Glacier et chute d'eau en Suisse.

M. BOUTON (Charles-Marie).

214. — Chapelle du Calvaire dans l'église de Saint-Roch, à Paris.

SALON DE SERVICE.

M. le comte de FORBIN.

215. — Cloître de Santa-Maria Novella, à Florence.

M. CONSTANTIN (Jean-Antoine).

216. — Paysage ; ermitage.
217. — Vue de Marseille, prise du vallon des Eygalades.

M. LEMASLE.

218. — Une tireuse de cartes ; souvenir de Naples.

SALON.

M. DAUZATS (Adrien).

219. — Le Giralda de Séville.

M. RÉMOND (Charles).

220. — Vue prise aux environs d'Appignano, à vingt milles d'Ancône.

M. DUPRESSOIR (Joseph-François).

221. — Vue générale d'Edimbourg, près Kinghorn.

BOGUET (O.).

222. — Paysage.

Mme HAUDEBOURT-LESCOT.

223. — Scène d'inondation.

PARCS ET JARDINS.

Le parc et les jardins de la résidence de Saint-Cloud peuvent se diviser en trois parties principales : 1° la partie consacrée au public; 2° la partie réservée où l'on peut être admis en tout temps avec une permission particulière; 3° les jardins de la famille royale, et qu'on ne visite que lorsque la cour ne réside pas à Saint-Cloud.

GRAND PARC, OU PARC PUBLIC.

Ce parc a été dessiné et planté par *le Nôtre* : il longe la rive gauche de la Seine depuis le pont de Saint-Cloud jusqu'au pont de Sèvres, et couvre le coteau jusqu'à Ville-d'Avray. Ses allées magnifiques offrent aux promeneurs de beaux ombrages, et, de sa partie supérieure, on découvre d'admirables points de vue. Le plus bel ornement du grand parc est la célèbre cascade, ouvrage de *Lepautre* : elle tombait en ruines et a été entièrement restaurée par le roi Louis-Philippe. Le groupe des deux statues colossales qui dominent ce monument est l'ouvrage d'Adam l'aîné; il représente la jonction de la *Seine* et de la *Marne*. Les eaux de la cascade et celles des jets des divers bassins proviennent presque toutes du grand réservoir alimenté par les étangs de Ville-d'Avray.

A gauche de la cascade, dans une partie réservée, ouverte au public les jours de fête, se trouve un bassin d'où s'élance, en gerbe magnifique, à une hauteur de 125 pieds, le jet d'eau le plus élevé de l'Europe. Le poëte Delille l'a célébré dans les vers suivants :

> J'aime ces jets où l'onde, en des canaux pressée,
> Part, s'échappe et jaillit avec force élancée.
> A l'aspect de ces flots qu'un art audacieux
> Fait sortir de la terre et lance jusqu'aux cieux,
> L'homme se dit : C'est moi qui créai ces prodiges.
> L'homme admire son art dans ces brillants prestiges.
> C'est peu, tout doit répondre à ce riche ornement;
> Que tout prenne à l'entour un air d'enchantement !
> Persuadez aux yeux que, d'un coup de baguette
> Une fée en passant s'est fait cette retraite.
> Tel j'ai vu de Saint-Cloud le bocage enchanteur;
> L'œil de son jet hardi mesure la hauteur;
> Aux eaux qui sur les eaux retombent et bondissent,
> Les bassins, les bosquets, les grottes applaudissent;
> Le gazon est plus vert, l'air plus frais; des oiseaux
> Le chant s'anime au bruit de la chute des eaux;
> Et les bois, inclinant leurs têtes arrosées,
> Semblent s'épanouir à ces douces rosées.

L'allée qui partage la cascade, et les deux quinconces qui sont au-dessous, sont nommés *l'allée et les quinconces du Tillet:* ce nom était celui du propriétaire d'une maison où Henri IV vint loger aussitôt après la mort de Henri III assassiné dans la maison de Gondi, bâtie sur la hauteur. Ce fut là qu'il se fit, autour du nouveau roi de France, un grand concours de seigneurs et de gentilshommes qui venaient du camp pour lui offrir leurs hommages. Tout ce qui est parc aujourd'hui était alors village, et le bourg de Saint-Cloud, en perdant du terrain de ce côté, en a gagné à proportion dans la direction du Calvaire.

Dans la partie supérieure du grand parc se trouve un obélisque surmonté d'un petit monument appelé *Lanterne de Démosthène,* et vulgairement connu sous le nom de *Lanterne de Diogène*. C'est un *fac-simile*, en terre cuite, de l'édifice qui porte le même nom, et que l'on voit encore au-dessous de l'Acropolis à Athènes. Ce petit monument, admiré au Louvre en 1800, parmi les produits de l'industrie française, fut transporté par l'ordre du premier consul sur le point le plus élevé du parc. Il y figurait un phare dont la lumière, régulièrement entretenue chaque soir, annonçait durant la nuit à la capitale la présence du chef de l'empire à Saint-Cloud. Un escalier en spirale conduit au sommet de l'obélisque, d'où l'on découvre une vue magnifique et un immense horizon.

PARC RÉSERVÉ.

Ce parc s'étend à droite de l'ancienne route de Saint-Cloud à Ville-d'Avray : il couvre presque tout le terrain renfermé entre cette route et le village de Garches : il est planté de fort belles allées, couvertes de pelouses de verdure qui s'étendent à perte de vue, en différentes directions. Il renferme deux bassins dont l'un, en face du palais, contribue par de beaux jets d'eau à l'agrément des jardins; l'autre, d'une très-vaste étendue et alimenté par les *étangs de Ville-d'Avray*, forme le *grand réservoir*; les eaux qu'il renferme sont à deux cent cinquante pieds ou quatre-vingt et un mètres au-dessus du niveau de la Seine : elles fournissent, avec une nouvelle source tirée des environs de Garches, la grande cascade et les différents jets qui jaillissent de tous côtés autour du château. La porte du parc réservé, du côté de Garches, est connue sous le nom de *Porte-Jaune*. Il y a là un haras et une jolie ferme qui exploite toutes les terres du parc mises en culture. Le beau chemin qui, sortant de la Porte-Jaune, laisse à gauche le village de Garches, conduit à la Malmaison : il est nommé le *Chemin de l'Empereur*, et il a été tracé par Napoléon. Le parc réservé présente une surface unie du côté de *Garches* et de *Villeneuve* : à l'autre extrémité, du côté de Ville-d'Avray, le terrain offre de nombreux accidents. L'ancien château de *la Brosse* était bâti dans cette partie, sur le plateau d'où l'on découvre vers le nord Paris, et vers le sud, en vaste et pittoresque amphithéâtre, les villages de Ville-d'Avray, de Marne et de Vaucresson. Le chemin de fer de Paris à Saint-Cloud et Versailles, traverse le parc réservé dans toute sa largeur ; il y arrive par le souterrain de Montretout et en sort par celui de Ville-d'Avray, ouvrage colossal, creusé à une profondeur de quatre-vingts pieds sur quinze cents de longueur. Le roi Louis-Philippe a contribué de tout son pouvoir à l'exécution de ce magnifique travail : dans sa sollicitude pour les progrès de l'industrie et pour les besoins publics, il a sacrifié une partie de son parc et l'agrément de plusieurs belles promenades aux avantages d'un projet d'intérêt général ; il a refusé de recevoir l'indemnité due à la couronne pour l'immense terrain que le chemin parcourt, et il a voulu qu'elle fût affectée tout entière aux dépenses de la nouvelle route qui doit ouvrir la communication entre Saint-Cloud, Ville-d'Avray et les villages voisins, et qui traversera le parc en suivant une ligne presque parallèle à celle du chemin de fer.

JARDINS.

Deux beaux et vastes jardins, nommés, l'un le

Petit-Parc, l'autre le *Trocadero* ou Jardin de *Montretout*, sont, durant le séjour du roi à Saint-Cloud, exclusivement réservés à la famille royale : le *Petit-Parc* a été clos et dessiné d'après les instructions de la reine Marie-Antoinette. Il est composé de deux parties bien distinctes ; l'une en face des appartements du palais, au sud, l'autre dans les bas-fonds qui avoisinent le bassin du *Fer-à-Cheval*. Dans la première partie, on admire les deux magnifiques allées de marronniers qui s'harmonient avec l'allée principale du grand parc réservé. Ces beaux marronniers sont les plus célèbres des environs de Paris, et la promenade qu'ils ombragent a toujours été affectionnée par les souverains qui ont successivement habité Saint-Cloud. Sur une ligne parallèle à la plus longue de ces deux allées se trouve la fameuse Orangerie où siégeait le conseil des *cinq-cents* au 19 brumaire (1); elle est terminée par une jolie salle de spectacle. La seconde partie de ce petit parc, à gauche des marronniers, présente d'heureux mouvements de terrain qui permettraient d'en faire un jardin anglais délicieux. On y remarque une jolie petite cascade nommée la cascade des *Quatre-Chiens* ou des *Goulottes*.

Le second jardin couvre le plateau de *Montretout*, qui domine le palais au couchant en face du *Grand-Commun*, vaste bâtiment construit par Charles X sur l'emplacement de l'ancien couvent des Ursulines. Ce jardin est d'une date toute récente : il a été planté en 1823 d'après le dessin tracé par M. Heurtot, architecte du roi, et reçut alors le nom de *Trocadero*, en l'honneur de la prise

(1) Voyez la *Notice historique*, pages 26 et 27.

de ce fort dans la dernière guerre d'Espagne. On y communique du second étage du palais par un élégant petit pont en fil de fer. Ce jardin est entretenu comme le *Petit-Parc* avec un soin extrême ; son dessin fait le plus grand honneur à la main qui l'a tracé : les limites en sont dérobées avec beaucoup d'art : on y voit de magnifiques parterres de fleurs, de nombreux bosquets, de vastes pelouses, et l'on s'étonne d'une si grande variété dans un si étroit espace. La vue de la terrasse est admirable, et de son extrémité voisine du palais le regard embrasse un immense horizon.

COMMUNICATIONS.

Les communications entre Paris et Saint-Cloud sont rapides et variées : le temps, qui détruit tout, perfectionne tout aussi, et, en comparant ce qu'était jadis pour les Parisiens un voyage de Paris à Saint-Cloud, avec ce qu'il est devenu, on s'étonne et l'on admire. Ce voyage, il y a trente ans, était presque une affaire. Voulait-on risquer l'aventure, le choix du transport était borné entre l'éternelle et pesante galiote et ces voitures, classiques dans leur genre, où s'entassaient pêle-mêle, à la grâce de Dieu et d'un cheval étique, vieillards et enfants, femmes élégantes et manants, peuple des salons et des halles; coffres informes, toujours béants, et qui jettent encore un défi séculaire à la civilisation parisienne : ainsi traîné ou remorqué, à la merci des cahots ou des sables, on arrivait étouffé, rompu, à demi mort de fatigue ou d'ennui, si l'on arrivait toutefois, si quelque inadvertance du pilote, dans ce voyage de long cours, n'engravait l'équipage au beau milieu du fleuve, ou si quelque perfide caillou n'entraînait avec le rossinante dans la poussière voiture et cargaison, et ne sillonnait la route du front meurtri des voyageurs. Aujourd'hui trois routes diverses, trois moyens réguliers et rapides de transport. D'élégants bateaux à vapeur partent à heure fixe, dans la belle saison, du pont Royal, et descendent rapidement la Seine jusqu'à Saint-Cloud; des voitures commodes, dont le point de départ est au Carrousel, longent la Seine devant Passy, traversent le charmant village d'Auteuil, la plus belle partie du bois de Boulogne, et, à la sortie du bourg de ce nom, arrivent par le pont jusque sur la place de Saint-Cloud. Enfin la troisième voie de communication avec Paris est le *chemin de fer*, qui, partant de la place Saint-Lazare à Paris et se dirigeant sur *Versailles*, passe sur les hauteurs de *Saint-Cloud*, et communique par une tranchée avec la grande avenue, à l'entrée même du parc. Cette dernière voie est de beaucoup la plus rapide et la plus féconde en jouissances pour le voyageur : elle est due à M. Emile Péreire, déjà auteur du beau chemin de fer *de Paris à Saint-Germain;* on la parcourt d'heure en d'heure, et elle tient le voyageur dans une admiration presque continuelle. On connaît, on a lu dans les *Mille et une Nuits* la féerique histoire du *Cheval enchanté*, qui, au toucher d'une cheville miraculeuse, s'élançait avec la rapidité d'une flèche, emportant avec lui son cavalier à travers les airs : montagnes, forêts, vallons et fleuves, en quelques secondes tout était franchi; le cavalier intrépide embrassait tout d'un regard; pour lui l'immensité n'était qu'un point, et l'espace n'existait plus. Que de fois notre jeune imagination s'est enflammée à ces récits féeriques des vieux âges ; que de fois, suivant en rêve dans les airs ce cheval fabuleux, nos pensées devançaient avec lui le tonnerre et les vents! Et voilà que ces rêves de notre enfance deviennent des réalités ; le prodige est presque accompli, les merveilles de la vapeur rivalisent avec celles des *Mille et une Nuits*. L'impétueuse machine qu'elle emporte frémit, bondit sous la main qui la dirige, comme le coursier magique ; au signal donné, elle part, elle court, elle vole, et, si elle ne s'élève pas comme lui dans les airs, douée d'une autre puissance non moins merveilleuse, et semblable au char enflammé des esprits des ténèbres, elle descend, elle plonge dans les entrailles de la terre, et en sort aussitôt pour ravir le voyageur par un éblouissant contraste, par le prestige répété des plus magnifiques panoramas. Que de souvenirs, que d'objets variés parlent en peu d'instants à l'esprit et aux yeux! C'est d'abord sur la droite, au sortir de l'immense capitale, le lieu de retraite et de plaisance de nos anciens rois; c'est Clichy, résidence des Mérovingiens, et plus loin ce sont les tours noircies de ce vieux Saint-Denis, qu'on retrouve à chaque page dans notre histoire ; sur la gauche, c'est Neuilly, planté et embelli par le chef de la dynastie nouvelle, c'est le séjour bien-aimé du roi Louis-Philippe, de sa jeune et brillante famille ; quelques secondes de plus, et l'Arc-de-Triomphe se montre dans son immensité, monument gigantesque, symbole de gloire et d'immortalité, majestueux, impérissable comme la mémoire de la grande armée à laquelle il est consacré, comme le nom du grand empereur qui en a posé les fondements et qui l'a marqué du sceau de son génie. Un pas encore et tout s'évanouit, le char de feu disparaît lui-même; il s'engouffre, il s'enfonce sous une autre route qui franchit la sienne et sous laquelle il creuse un sillon enflammé. Bientôt après, nouveaux tableaux, nouveaux contrastes : d'un côté Suresne et ses rosières, de l'autre le majestueux mont Valérien avec ses bastions menaçants et son cimetière pittoresque; là des couronnes de fleurs sur le front de la jeunesse, ici des cyprès sur des tombeaux; ces souvenirs, ces images disparaissent à leur tour; Paris et ses collines, la Seine et ses contours gracieux captivent les regards. Mais déjà le puissant remorqueur ralentit sa course; ses flancs embrasés sifflent et mugissent, un nuage épais s'échappe de ses bouches fumantes; il touche au but, il s'arrête, et le voyageur se voit tout d'un coup à deux cents pieds au-dessus de la plaine; un splendide panorama se déroule, et la capitale se montre dans son immensité, enlacée à droite par l'onduleuse et verdoyante ceinture des coteaux de Sèvres, de Meudon, de Fontenay; sur la gauche le regard embrasse le bois de Boulogne et se perd dans un horizon sans limite où apparaissent au loin les clochers de Saint-Denis. Cependant le voyageur étonné, ravi, n'a rien vu encore de ce qu'il était venu voir; il se souvient qu'il doit visiter un palais embelli par les arts, un parc et des jardins magnifiques; il quitte à regret un lieu où il serait tenté de s'oublier; il descend, et bientôt des arbres séculaires lui donnent leur ombrage, un beau fleuve est à ses pieds; là, vers le soir, souvent le bruit des concerts l'appelle à d'autres plaisirs, et, dans les grands jours, les eaux qui jaillissent dans les airs, puis retombent en larges nappes de neige et en flocons d'écume, le bruit sourd et imposant des cascades, les mille reflets des gerbes étincelantes ajoutent un enchantement de plus à tant de prestiges, et promènent le spectateur ébloui de merveilles en merveilles.

FIN.

Paris. — Typogr. d'A. René et Cⁱᵉ, rue de Seine, 52;

www.ingramcontent.com/pod-product-compliance
Lightning Source LLC
LaVergne TN
LVHW021008090426
835512LV00009B/2140